# HISTOIRE CHRONOLOGIQUE DE LA VILLE DE *PONT-SAINTE-MAXENCE* SUR L'OISE.

A PARIS,

De l'Imprimerie de BUTARD, Libraire, rue Saint Jacques, à la Vérité.

M. DCC. LXIV.

*Avec Approbation & Privilege du Roi.*

# AVIS

## AU LECTEUR.

J'*Avois eu intention de faire une Epître dédicatoire, & de dédier l'Histoire de la Ville de* Pont-Sainte-Maxence *à un Seigneur aussi illustre que généreux. Son nom seul auroit prévenu en faveur de cet Ouvrage ; mais connoissant la foiblesse de mes talens ; je n'ai osé m'ériger en Auteur, ni employer une aussi respectable protection pour un Essai qui n'aura peut-être pas le suffrage du Public. J'avoue qu'en le composant, mon dessein n'a été que de rappeller des Anecdotes, & des faits qui m'ont paru intéressans pour mes Concitoyens. C'est avec plaisir que je les soumets au juge-*

*ment de mon Lecteur. Je ne lui demande qu'une grace, l'indulgence en faveur de l'attention que j'ai eue de ne pas altérer les Manuscrits & les Notes qui m'ont servi à composer cette Histoire. Je serois bien content s'il disoit, comme* Platon : Je suis ravi de voir cet Ouvrage depouillé des frivoles ornemens de l'Art. *Je déclare que j'ai suivi le détail des faits avec la même sincerité, & aussi littéralement que les premiers Ecrivains. Tout l'avantage que je desire de mon Ouvrage, c'est qu'il puisse être regardé, sinon comme l'Histoire de la Ville de* Pont-Sainte-*Maxence, au moins comme l'Esquisse tracée à ceux qui seront plus en état que moi d'exécuter l'Histoire de cette Ville.*

## PRIVILEGE DU ROI.

LOUIS, par la grace de Dieu, Roi de France & de Navarre ; A nos amés & féaux Conseillers les Gens tenans nos Cours de Parlement, Maîtres des Requêtes ordinaires de notre Hôtel, Grand Conseil, Prévôt de Paris, Baillifs, Sénéchaux, leurs Lieutenans Civils, & autres nos Justiciers qu'il appartiendra ; Salut. Notre amé Jacques-Hubert Butard, Imprimeur-Libraire, Nous a fait exposer qu'il desireroit faire imprimer & donner au Public un Ouvrage qui a pour titre : *Histoire Chronologique de la Ville de Pont-Sainte-Maxence*, s'il nous plaisoit lui accorder nos Lettres de Permission pour ce nécessaires. A ces Causes, voulant favorablement traiter l'Exposant, nous lui avons permis & permettons par ces Présentes de faire imprimer ledit Ouvrage autant de fois que bon lui semblera, & de le vendre, faire vendre & débiter par tout notre Royaume pendant le temps de trois années consécutives, à compter du jour de la date des Présentes. Faisons défenses à tous Imprimeurs, Libraires,

& autres personnes, de quelque qualité & condition qu'elles soient, d'en introduire d'impression étrangere dans aucun lieu de notre obéissance : A la charge que ces Présentes seront enregistrées tout au long sur le Registre de la Communauté des Imprimeurs & Libraires de Paris, dans trois mois de la date d'icelles ; que l'impression dudit Ouvrage sera faite dans notre Royaume, & non ailleurs, en bon papier & beaux caracteres, conformément à la feuille imprimée attachée pour modele sous le contre-scel des Présentes ; que l'Impétrant se conformera en tout aux Réglemens de la Librairie, & notamment à celui du 10 Avril 1725 ; qu'avant de l'exposer en vente, le Manuscrit qui aura servi de copie à l'impression dudit Ouvrage, sera remis dans le même état où l'Approbation y aura été donnée, ès mains de notre très-cher & féal Chevalier Chancelier de France, le Sieur DE LAMOIGNON ; & qu'il en sera ensuite remis deux Exemplaires dans notre Bibliothéque publique, un dans celle de notre Château du Louvre, un dans celle dudit Sr DE LAMOIGNON, & un dans celle de notre très-cher & féal Chevalier Vice-Chancelier, Garde des Sceaux de France, le Sieur DE MAUPEOU; le tout à peine de nullité des Présentes : Du contenu desquelles vous mandons & enjoignons de faire jouir ledit Exposant, & ses ayant causes, pleinement & paisiblement, sans souffrir qu'il leur soit fait aucun trouble ou empêchement. VOULONS qu'à la Copie des Présentes, qui sera imprimée tout au long au commencement ou à la fin dudit Ouvrage, foi soit ajoutée comme à l'Original. Commandons au premier notre Huissier ou Sergent sur ce requis, de faire pour l'exécution d'icelles tous actes requis & nécessaires, sans demander autre permission, & nonobstant clameur de Haro, Chartre Normande, & Lettres à ce contraires : Car tel est notre plaisir. Donné à Paris le sixieme jour du mois de Juin, l'an de grace mil sept cent soixante-quatre, & de notre Régne le quarante-neuviéme.

Par le Roi en son Conseil.

LE BEGUE.

*Registré sur le Registre XVI. de la Chambre Royale & Syndicale des Libraires & Imprimeurs de Paris, N°. 19, fol. 123, conformément au Réglement de 1723. A Paris, ce 22 Juin 1764.*

LE BRETON, *Syndic.*

HISTOIRE

# HISTOIRE
## CHRONOLOGIQUE
## DE LA VILLE
## DE
## *PONT-SAINTE-MAXENCE*
## SUR L'OISE,

*Gouvernement de l'Isle de France, Evêché de Beauvais, Généralité de* PARIS, *Election de Senlis, ayant pour devise une Salamandre.*

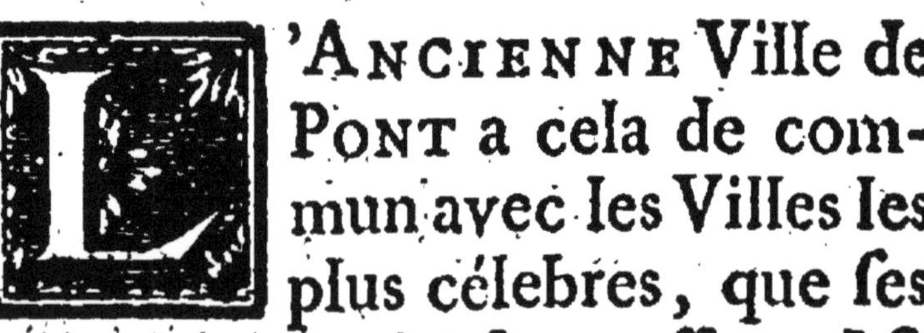

L'ANCIENNE Ville de PONT a cela de commun avec les Villes les plus célebres, que ses commencemens sont assez obscurs & n'ont guères de proportion avec la célébrité qu'elle a acquise dans la suite : mais elle a cet avantage au-dessus des Villes les plus fameuses, que les Historiens n'ont pas cherché à décorer ses antiquités & son importance par des fables pompeuses. La sincérité leur a fait avouer que quoique son nom de *Levandriac*, ou *Levandrie*, eût été apparemment fort célebre avant les conquêtes des Gaules par les Romains, la simplicité des Anciens qui aimoient mieux faire de belles actions que de les publier, nous a laissé ignorer le détail des hauts faits de ses anciens Citoyens. Le nom de *Levandrie*, qui est absolument Gaulois, & qui tire son origine de la Déesse Gauloise *Leva*, prouve assurément l'antiquité de la Ville de Pont; cependant on ne connoît aucun trait de son Histoire avant l'an 683. Ce fut en cette année qu'Ebroïn, Maire du Palais, pensa ſurprendre à Sainte-Maxence le Roi Thierry & ſon Maire *Leudéſius*. C'étoit la faute des Gardes, autrement dit des Sentilles, qu'Ebroïn trouva endormis ; ils payerent bien cher leur nonchalance, car Ebroïn fit faire main baſſe ſur eux, & maſſacrer tous ceux qui lui plut appeller ſes ennemis, c'eſt-à-dire, ceux qu'il croyoit ne devoir pas compter pour miniſtres de ſon ambition. Après cette expédition il paſſa la Riviere d'Oiſe à Sainte-Maxence, & ſe mit à pourſuivre ceux qui lui avoient échappé. Ce récit doit ſuffire pour faire préſumer, en premier lieu, que dès ce temps il y avoit dans cette Ville un Palais des Rois, ou un Fort conſidérable qu'ils pouvoient habiter. En ſecond lieu, que c'étoit un poſte important & fortifié, qui donnoit, comme il donne encore, l'entrée du Pays qu'on nomme aujourd'hui l'*Isle de France*, dans celui qu'on appelle *Picardie*, & qu'il en étoit comme la clef.

Les Romains fort attentifs à profiter de tous les lieux avantageux, y avoient vraisemblablement bâti un Fort ou petite Ville, où ils entretenoient des Garnisons ; c'est ce qu'ils appelloient *Castrum* : cela paroîtra fort probable aux personnes qui voudront réfléchir sur la situation du lieu. La Ville est placée sur une grosse Riviere navigable en tous temps, à cause de la jonction de l'Aîne & de l'Oise, qui se fait au-dessus de Compiegne, bordée d'une chaîne de Montagnes fort escarpées, entrecoupées de gorges & couvertes d'épaisses Forêts. Quelques soins qu'on ait eus depuis plusieurs années pour percer ces Futaies d'une infinité d'allées, elles ſont encore peu praticables: des Marais & des Plaines immenſes défendent de l'autre côté les approches de cette Ville. Il eſt vrai que les anciens Géographes parlent peu de ce lieu, quoique de tous les temps il ait été important, ou plutôt qu'on ne le reconnoît pas, dans les Ouvrages des Géographes modernes, pour être d'une auſſi grande utilité qu'il l'a été dans différens ſiecles. Le fait qui ſe paſſa à Pont-Sainte-Maxence en 683, prouve que dès lors cette Ville s'appelloit *Ste-Maxence*, ſans doute parce que cette ſainte Fille de l'Empereur du même nom, ſelon ſes Actes, a ſouffert en ce lieu le Martyre, pour la conſervation de ſa virginité qu'elle avoit vouée à Jeſus-Chriſt. On place ſa mort vers la fin du cinquieme ſiécle.

Dès 779 il y avoit un péage à payer à Pont-Sainte-Maxence, puisque cette année Charlemagne en exempta les Moines de l'Abbaye Saint Germain-des-Prés, pour les denrées que les Religieux souhaitoient faire passer par ce lieu.

La Terre de Pont-Sainte-Maxence, & celle de Levandriacus, autrement dite Pomponsius, sans doute Pontpoint, qui est situé dans la Banlieure, ont été données par ce Roi à l'Abbaye de S. Lomer, exemptes des droits de Fisc; mais Charles le Chauve voyant que cette concession étoit trop désavantageuse au Domaine, retira ces deux Terres des Moines de Saint Lomer, & leur donna d'autres biens en échange. La Chartre est de 842. Elle prouve que dès ce temps il y avoit à Sainte-Maxence un Pont, que cette Ville étoit dans ce temps-là du Comté de Beauvais, & qu'elle relevoit immédiatement du Roi.

Charles le Chauve, parmi plusieurs Terres qu'il donna à Saint Denis, suivant une Chartre de l'an 860, compte Ste-Maxence; mais une autre Chartre du même Prince, datée de l'année suivante, donne lieu d'entendre que ce n'étoit seulement que de quelques Domaines situés à Pont, qu'il avoit voulu parler; car par cette seconde Chartre le Roi confirma à Saint-Denis la donation qu'il lui avoit faite de deux Métairies, d'un Moulin & d'une Pêcherie près du Pont, d'une certaine quantité de Terres labourables, de Savarts, des Vignes, des Pâturages, des Ruisseaux, & des autres biens & droits qui appartenoient audit Seigneur Roi, pour mettre le tout en valeur, & faire les défrichemens nécessaires.

Une autre Chartre du Roi Robert, de l'an 1016, (c'est la premiere piece où l'on exprime les noms de Pont-Sainte-Maxence) fait voir que cette Ville relevoit encore de ce Prince, & qu'il y faisoit quelquefois sa résidence.

Ce fut dans le douzieme siécle que cette Ville donna naissance à un des plus grands hommes de la France pour le génie : on entend parler du célebre Chancelier Guerin, qui naquit à Pont vers l'année 1157. La coutume où l'on étoit de son temps de ne prononcer ordinairement que les noms propres des personnes, sans faire mention des noms de famille & des surnoms, met l'Auteur hors d'état de dire avec certitude de qu'elle famille il étoit. Cependant il avoit un neveu qui s'appelloit *Guilleaume de Moret*, demeurant à Pont : ce qui pourroit faire croire qu'il étoit de cette famille. Le P. Anselme assure qu'il portoit d'or à la face de gueule ; il ajoute qu'il fut fait Conseiller d'Etat dès l'an 1190. La dignité de Chancelier étant vacante en 1202, Guerin fut chargé d'en faire les fonctions. Il étoit entré dès sa jeunesse dans l'Ordre de Saint Jean de Jerusalem, qu'on appelle aujourd'hui plus communément l'*Ordre de Malthe:* on prétend qu'il posséda un Canonicat à Saint-Quentin, & que très-jeune il fut Maître de la Chapelle du Roi, charge qui répondoit assez à celle de Grand-Aumônier d'aujourd'hui.

Guerin, selon les Historiens de son temps, étoit un homme d'une sagacité profonde & d'une probité sans égale; il étoit véritablement & inviolablement attaché aux intérêts du Prince, qui étant bien entendus, sont toujours inséparables de ceux de la Patrie & du Peuple; il étoit rempli de zèle pour l'honneur & les droits de l'Eglise. Tant de belles qualités avoient donné à Guerin la principale autorité dans le Conseil de Philippes Auguste : ses Contemporains s'accordent à dire qu'il n'y avoit que le Roi au-dessus de lui, & qu'il partageoit avec Philippes le Gouvernement de la Monarchie.

Guerin n'étoit pas moins grand homme de Guerre, que d'Etat ; il en donna des preuves éclatantes en 1214 à la journée de Bovines : on dut le gain de cette célebre Bataille à sa prudence consommée, à la manœuvre habile qu'il fit faire à l'Armée, & aux différentes évolutions des Troupes qu'il conduisoit avec une présence d'esprit admirable. Comme il avoit été élu peu de temps auparavant Evêque de Senlis, à la place de Geoffroy, qui fut obligé de se démettre à cause de la défectuosité de sa taille, il ne combattit point, mais il se contenta de ranger les Troupes &

de les exhorter. Ce fut par l'avis de Guerin que Philippes érigea un monument éternel de sa reconnoissance au Dieu des Armées, en fondant la belle Abbaye de la Victoire près Senlis. Les lumieres, l'intégrité de Guerin étoient si généralement reconnues, que les Seigneurs & les Prélats, les Rois même lui remettoient volontiers leurs différends, & s'en tenoient à son jugement pour leurs droits les plus précieux; les Papes lui ont souvent donné commission de terminer en leurs noms les affaires Ecclésiastiques de la France; ce qui est peut-être unique pour le Ministre de confiance d'un Prince. Philippes Auguste lui donna à sa mort la marque la plus sensible de son estime, en le nommant en l'an 1222 son Exécuteur Testamentaire. Son crédit ne diminua point à la mort de Philippes. Un des premiers usages que le Roi Louis VIII fit de son autorité, fut de nommer Guerin Chancelier de France : il assista en cette qualité aux Funérailles de Philippes Auguste. C'est lui qui fit renfermer dans un lieu fixe le Trésor des Chartres : c'est lui qui a fait adjuger la séance aux grands Officiers de la Couronne après les Pairs, dans les Assemblées des Pairs ; il a fait aussi une infinité d'autres bons réglemens dont le détail seroit trop long à rapporter ici.

Après la mort de Louis VIII, qui avoit aussi choisi Guerin pour Exécuteur de son Testament, Guerin continua jusqu'au mois de Février 1227 les fonctions de Chancelier. Il a eu l'avantage (peut-être unique) de conserver sa faveur sous trois Gouvernemens consécutifs, dont le génie étoit assurément très-différent. Il mourut le 29 Mai 1227, à Chaalis, & y fut inhumé: sa mort causa beaucoup de consternation à la Cour, & dans tous les cœurs qui avoient été à portée de juger de son rare mérite.

Il faut revenir à l'Histoire de la Ville de Pont. On trouve un titre de 1102 où il est parlé pour la premiere fois de l'Eglise de Pont-Sainte-Maxence; c'est dans un dénombrement que le Pape Luce III fit des Eglises dont l'Abbaye de Saint Symphorien de Beauvais avoit la nomination: on ne sait précisément quand l'Eglise Matrice de Pont a commencé à reconnoître Sainte Maxence pour Patrone: il est très-vraisemblable qu'il faut en faire remonter l'époque jusqu'au septieme siecle, puisque dès-lors cette Sainte étoit la Patrone de ce lieu, à qui elle avoit donné son nom, en place de l'ancien, qui étoit Saint Pierre. Ainsi il faut que la Dédicace de l'Eglise de Pont, sous le nom de Saint Pierre; remonte fort haut, ou qu'originairement elle ait eu Saint Pierre & Sainte-Maxence pour Patrons.

On trouve aussi des Lettres de 1281 qui attribuent à l'Evêque Diocésain la disposition de l'Hôtel-Dieu, Maladrerie ou Charité de Pont, avec pouvoir d'en destituer le Maître ou l'Administrateur; ce qui fut confirmé par Arrêt du 12 Mars 1400.

Philippes le Bel, par une Chartre du mois d'Octobre 1296, confirma la fondation d'une Chapelle bâtie dans le Fauxbourg de Flandre, au bord de la Riviere, en la maison de Coland de Boisacq, Ecuyer, par sa femme. Le premier titre de cette Chapelle fut Saint Blaise de Malgeniste, le second Sainte Marguerite, & le troisieme Saint Nicolas, sans doute parce que les Mariniers vont communément entendre & faire dire la Messe dans cette Chapelle, laquelle a été réunie par Arrêt du Parlement à la Cure du Plessis-Villette, à la charge d'en acquitter les Fondations.

La Chapelle Saint Louis qui est à la Pêcherie, fût bâtie en 1325 pour l'Hôtel-Dieu, qui étoit à côté auparavant d'être ou il est, rue des Vendredis, dans une Maison qui étoit occupée par le Chancelier de France, quand les Rois séjournoient à Pont.

Il y a dans la Banlieue de la Ville de Pont une fort belle Abbaye Royale de Filles, appellée l'*Abbaye du Moncel*: sa fondation remonte à l'an 1309. Philippes le Bel assigna les premiers fonds pour cet Etablissement: son premier dessein étoit d'établir un Hôpital dans ce lieu, qui étoit contigu à un de ses Châteaux nommé Fecam ou Fecamp; mais son Confesseur qui étoit Cordelier, lui persuada d'y fonder une Abbaye de Filles Cordelieres, autrement dites Urbanistes. Philippes le Bel dans sa Chartre leur assigna mille livres parisis de rente sur les revenus qu'il possédoit, soit à Pont, soit dans la terre du Moncel en Terres, Prés, Bois, Fermes, & &c. Il leur permit aussi d'acquérir pour 1000 liv. de rente en biens fonds il y joignit plusieurs beaux droits & priviléges; les Religieuses de l'Abbaye du Moncel devoient être au nombre de soixante, & elles n'y devoient être admises que sous le bon plaisir du Roi.

Cette Chartre ou Lettres furent confirmées par les Enfans de Philippes, qui régnerent après lui, mais ils ne s'empresserent point de les mettre à exécution: heureusement que le Confesseur de la Reine Jeanne de Bourgogne, femme de Philippes de

Valois, qui étoit aussi Cordelier, fit tant par ses instances, que vers l'an 1334 Philippe de Valois fit poser les fondemens de l'Abbaye du Moncel dans un lieu qui étoit échu au Domaine par la confiscation des biens du Seigneur Dulys, qui avoit forfait contre le Roi. Philippes acheva totalement les bâtimens, & y fit venir douze Religieuses des Monasteres de Saint Marcel de Paris, de Long-Champs-lès-Paris, & de Provins en Brie. Les entrailles de la Reine Jeanne, seconde Fondatrice, furent inhumées à l'Abbaye du Moncel en 1349.

En 1343 Philippe de Valois résidoit à Pont. Des Lettres de sauve-garde accordées en faveur de la Chartreuse de Mont-Louis, sont datées du Moncel, appaparemment du Château de Fecam au Moncel-lès-Pont-Sainte-Maxence.

Ce qui enrichit considérablement l'Abbaye du Moncel, furent les biens que plusieurs Dames & Demoiselles de la Cour de la Reine Jeanne y porterent en s'y faisant Religieuses : de sorte qu'en conséquence d'une permission que le Roi leur avoit donnée d'acquérir pour mille livres de biens en rentes, leur premiere Abbesse acquit la Baronnie de Pontpoint. Ces Religieuses jouissent d'un droit de rouage sur tout le vin passant devant la porte de l'Abbaye du Moncel ; il est de 12 deniers parisis par muid de vin.

Cette Abbaye a toujours été & est encore composée de beaucoup de Filles de la plus grande qualité & d'un rare mérite; le Service Divin s'y fait avec édification & solemnité ; l'Eglise est grande & fort ornée. La Maison est en bon air, en belle vue & très-spacieuse: c'est ce qui détermine les

Religieuſes à prendre des jeunes perſonnes pour Penſionnaires, auxquelles elles donnent une fort belle éducation, & des talens quand elles trouvent des diſpoſitions en leurs Eleves.

L'Abbaye du Moncel eut beaucoup à ſouffrir pendant les guerres civiles, qui ravagerent le cœur de la France, peu après ſa fondation, & juſqu'au Régne de Charles VII; les Religieuſes furent ſouvent obligées de déſerter ce Monaſtere, & de chercher un aſyle à Compiegne & ailleurs: enfin cette Abbaye fut pillée & ſacagée par des Soldats en l'année 1592.

En 1709 les Religieuſes du Moncel obtinrent de Louis XIV des Lettres Patentes qui les ont autoriſées à poſſéder à perpétuité l'ancienne Maiſon Royale de Fecam ou Fecamp, qu'elles acquirent d'un Engagiſte; elle eſt actuellement dans la Clôture de l'Abbaye.

Les Abbesses de ce Monastere furent perpétuelles jusqu'en 1652: il y a contre ce changement un fameux Plaidoyer du célebre Olivier Patru, Avocat.

Le Roi conserve le Domaine direct sur les biens des Religieuses du Moncel, suivant l'Article 42 de la Coutume de Senlis, rédigée pour la derniere fois en 1539; d'où l'on a conclu qu'elles n'étoient qu'usufruitieres de Pontpoint, & que le Roi en étoit Propriétaire. Et l'Auteur du Dénombrement de la Généralité de Paris dit *, que la Terre de Pontpoint a été donnée à l'Abbaye du Moncel, avec Chambly, par le Roi Philippes le Bel, en usufruit perpétuel pour fon-

* Page 194, Article 94 de l'Election de Senlis.

dation & œuvres pieuſes. Au ſurplus, les Religieuſes du Moncel obſervent à la lettre la pauvreté, même en commun, telle qu'elle eſt preſcrite par la Régle de S. François. Suivant leur fondation, le Prevôt & le Sergent de cette Abbaye ſont réputés Officiers Royaux; & par l'Article 43 de la Coutume de Senlis, il eſt dit que tous les droits des Religieuſes du Moncel ſe conduiſent au nom du Roi & à ſes dépens: ainſi en uſent leſdites Dames, & par ces moyens elles reſſortiſſent en l'aſſiſe de Senlis leurs Prévôt & Sergent en reſſortiſſent auſſi. Le Commentateur de la Coutume ajoute que leur uſufruit eſt perpétuel, & que le Roi, quoique Propriétaire, n'en tire aucun uſufruit, mais qu'il donne les Proviſions aux Officiers ſur la nomination des Religieuſes & de l'Abbeſſe.

C'eſt aſſez parler de l'Hiſtoire

Ecclésiastique de Pont; il faut reprendre l'Histoire Civile & Politique de cette Ville.

On trouve que du temps de Saint Louis il y avoit en 1265 un Procès entre ce Prince, & Jean Seigneur de Pont, pour l'hommage des Fiefs que Philippes de Trie, fils aîné de Matthieu, Comte de Damartin, & de Marsilie de Montmorency, possédoit dans la Ville de Pont-Sainte-Maxence, qui dès le régne de Philippe-Auguste n'étoit plus en totalité du Domaine du Roi. Elle avoit un Seigneur particulier, qui est nommé parmi les Chevaliers qui avoient droit de faire porter leurs Bannieres devant eux à l'Armée. Il est placé dans la Liste entre le Bouteiller de Senlis & Philippe de Nanteuil : *Historiens de France de Duchesne, Tome V, page 266*; mais il est très-sûr que les Successeurs de

Saint Louis ont possédé à Pont-Sainte-Maxence un Château où ils faisoient leurs résidences de temps en temps. On ignore si c'est le même que celui de Fécamp, près le Moncel, ou si c'est celui dont on voit encore des vestiges considérables près la Porte & le Fauxbourg de Caviller, ou enfin l'Hôtel Seigneurial, qui est assez fortisié, & paroît avoir été plus considérable.

Louis le Hutin a rendu une Ordonnance touchant les émolumens du scel d'Auvergne, qui est datée de Pont-Ste-Maxence du mois d'Octobre 1315 : voyez les l'Ordonnances Royaux. Plusieurs Chartres des premiers Successeurs de Saint Louis sont datées, les unes de Fécamp, & les autres de Pont-Sainte-Maxence.

Les Guerres firent depuis le Roi Jean de furieux ravages dans le cœur de la France. La Ville de

Pont-Ste-Maxence ne fut pas épargnée, sans compter les maux qu'elle eut à souffrir de la révolte des Paysans de la Province, qui sous le nom de *Jacquerie* commirent des désastres affreux en l'année 1358, & le long de l'Oise depuis Beaumont jusqu'à Compiegne. Quelques Habitans de Pont prirent part aux désordres de la Jacquerie. Le nommé Jean Oursel se joignit à plusieurs de ces Factieux, qui se souleverent contre la Noblesse des environs ; ils abattirent les Forteresses & les Maisons de Campagne des Gentilshommes, désolerent leurs possessions & en tuerent plusieurs, parce qu'ils avoient voulu leur résister ; mais Jean Oursel revint bien-tôt de ses égaremens : il quitta le Parti des Bandits dans la même année 1358. Alors craignant que la Noblesse lui fit éprouver le châtiment qu'il méritoit,

toit, il s'adressa au Dauphin Charles, Régent du Royaume pendant la prison du Roi Jean : il en obtint des Lettres de Rémission, datées du mois d'Août 1358, qui furent expédiées dans le Conseil du Dauphin : Trésor des Chartres, Registre 86.

Quelques autres Habitans de la Ville de Pont, dans le même temps, s'étoient déclarés pour le Dauphin, contre Charles le Mauvais, Roi de Navarre, qui s'étoit soulevé. Jean Culdoc chef d'un Parti, originaire de Pont, fut fait Prisonnier & conduit à Creil, où il fut mis à rançon. Devenu libre, il emprunta un cheval à Creil pour s'en retourner, & il le renvoya par Jean de Bethizy, Clerc natif de Verberie, qui se munit d'un Passeport de Robert de Pinquigny, Capitaine de Creil ; mais Jean de Bethizy eut le malheur de tomber entre les mains de Jean de Fondriquay, Maréchal du Navarrois : il faisoit ce voyage vers l'Assomption, & pour ne pas payer une rançon exorbitante, il consentit à servir de Sécretaire au Maréchal de Fondriquay. Par là il étoit tombé dans le crime de félonie ; il s'en fit relever par des Lettres des Requêtes de l'Hôtel, qui furent expédiées au mois de Mars 1362, à Saint Denis, Trésor des Chartres, Registre 81, piéce 319.

La Ville de Pont-Sainte-Maxence eut le malheur pendant la prison du Roi Jean, en l'année 1359, de tomber sous la domination Angloise. Des François eurent assez peu d'amour pour leur Patrie, pour aider de munitions & de vivres les Garnisons qui tenoient les Forteresses de Pont & de Creil. On accusa entr'autres Raoul de Bussy, Clerc Apothicaire de Senlis : comme l'accuſation n'étoit pas apparemment bien prouvée, il obtint des Juges réformateurs généraux du Royaume un Arrêt du mois d'Août 1361, qui le renvoyoit ſous caution & ſous ſa parole de ſe repréſenter lorſqu'il en ſeroit requis: Tréſor des Chartres, Regiſtre 91, piece 19.

Pont-Sainte-Maxence éprouva des Siéges & des pillages fréquents pendant les Guerres Civiles, qui à diverſes repriſes agiterent la France pendant l'eſpace d'environ trois cens ans. Les Rebelles s'empreſſoient toujours de ſe rendre maîtres d'une place auſſi importante que l'étoit dans ces temps-là la Ville de Pont: elle leur facilitoit l'entrée dans l'Iſle de France & dans la Champagne; elle leur fourniſſoit une iſſue aſſurée pour ſe retirer en Picardie & dans les Pays-Bas. Les Anglois que la Bataille de Poitiers,

& la mésintelligence du Dauphin avec le Roi de Navarre avoient rendus les maîtres de courir toute la France, après avoir évacué Creil par la force, surprirent en 1359 la Ville de Pont-Sainte-Maxence, de laquelle ils se hâterent de faire leur Place d'Armes.

Dans les Guerres entre les Bourguignons & les Armagnacs, sous les Régnes de Charles VI & de Charles VII, les Ducs de Bourgogne prirent toujours leurs mesures pour se rendre maîtres de ce Poste, qu'ils estimoient important. Ce fut aux environs de la Ville de Pont, qu'en 1405 le Duc de Bourgogne se méfiant des desseins du Duc d'Orléans son ennemi, fit cantonner un gros corps de Troupes qu'il avoit tiré de ses Etats des Pays-Bas : ses Troupes commirent une infinité de désordres & de brigandages. Après le meurtre du Duc d'Orléans, qui arriva en l'année 1407, bien en prit au Duc de Bourgogne de s'être rendu maître de la Ville de Pont ; car ce Prince, après avoir poussé l'hypocrisie jusqu'à donner publiquement des marques de deuil de la mort du Duc d'Orléans son ennemi, se retira à Pont. Lorsqu'il vit que des gens dévoués au Duc défunt étoient nommés pour découvrir les Auteurs de l'assassinat, & que tout le monde indigné d'une action si noire, demandoit qu'on en tirât une vengeance éclatante, le Duc de Bourgogne sentit bien qu'il n'avoit pas d'autre parti à prendre, que de s'enfuir de ce côté là à la faveur des Forêts, & de quelques Habitans de Pont qu'il sçavoit lui être dévoués : il ne s'étoit pas trompé ; ces Habitans le servirent bien, & fort à propos, dans la circonstance. Les Partisans de la Maison d'Orléans coururent après lui ; mais ils trouverent qu'il avoit gagné bien de l'avance, & qu'il avoit fait rompre le Pont qui étoit sur l'Oise à Pont-Sainte-Maxence. Ils ne purent passer outre, & furent contraints de revenir sur leurs pas. Cette circonstance fit sentir au Duc de Bourgogne de quelle importance il lui étoit d'être le Maître des Places situées sur la Riviere d'Oise. Aussi lorsqu'en 1411 les Orléanois l'allerent attaquer dans ses Etats, ils furent surpris de trouver les Forts situés le long de cette Riviere, entr'autres Pont-Sainte-Maxence, si bien gardés par les Partisans du Duc de Bourgogne ; & pour se ménager une communication avec Paris, ils furent contraints de bâtir un Pont à Verberie. La Paix se fit, mais il est rare qu'elle soit de longue durée entre deux partis irréconciliables.

Le Duc de Bourgogne étant à Paris en l'année 1417, on l'avertit qu'il y avoit des Espions autour de son Hôtel d'Artois. Il sçavoit d'ailleurs que le Dauphin ne cherchoit qu'à se venger des affronts qu'il avoit reçus du Parti Bourguignon ; il voyoit ses propres gens l'abandonner : ce qui lui faisoit appréhender un mauvais parti de la part du Dauphin. Pour se tirer de ce pas, il engagea le Roi à faire une partie de Chasse ; elle tourna du côté de Ville-neuve-Saint-Georges : alors le Duc de Bourgogne prit congé du Roi, & se hâta de gagner avec sa suite, qui n'étoit pas nombreuse, la Ville de Pont-Sainte-Maxence. Il s'y crut en sûreté ; il y passa la nuit, & le lendemain dès le grand matin, le Seigneur du Roux qui étoit dans son parti, & qu'il avoit fait avertir, vint le prendre à Pont avec deux cens hommes, & le conduisit à Lisse en Flandres à grandes journées & à marche forcée.

Quelque temps après, en 1418, les Bourguignons se rendirent Maîtres par surprise de Paris; ils étoient par là maîtres du Roi Charles VI: ils se firent délivrer sous le nom de ce foible Monarque des Lettres pour qu'on leur remît les Places qui se trouveroient à leur bienséance. Suivant Monstretes, page 100, Hector & Philippes Desaveuse, qui étoient freres & tous deux Chefs du Parti Bourguignon, avec le Seigneur de Crevecœur, eurent commission de prendre possession des Villes de Pont-Sainte-Maxence, Compiegne & d'autres Villes circonvoisines. Quelques Gouverneurs refuserent avec raison d'obéir; mais celui de Pont s'en tint trop littéralement aux ordres qu'on lui présenta de la part du

Roi ; il ſe rendit tout de ſuite ſans réſiſter. Les Officiers qui étoient attachés au Parti de Charles VII, après avoir pris en 1430 les Villes de Compiegne & de Senlis, s'empreſſerent de dépouiller les Bourguignons & les Anglois de l'avantage que la Ville de Pont-Sainte-Maxence leur fourniſſoit : ils empêchoient par ce moyen les courſes impudentes que les Bourguignons faiſoient fréquemment au-delà de l'Oiſe ; d'ailleurs ils eſpéroient par là reprendre Pont. Depuis la levée du Siege de Compiegne, la terreur s'étoit tellement emparée des Anglois, qu'auſſi-tôt que les François ſe préſentoient devant quelques Places, elles étoient rendues ſans qu'on attendît le premier aſſaut ; c'eſt ainſi que la Ville de Pont fut rendue aux François, preſque ſans coup férir : ils furent ſi joyeux de s'être rendus maîtres de cette importante Place, qu'ils firent des réjouissances publiques pendant plusieurs jours; & pour la conserver, ils y mirent une formidable Garnison. Les Anglois reprirent cœur en 1434; ils s'emparerent de Beaumont& deCreil. Guillon de Ferrieres, neveu du célebrePoton de Saintrailles, étoit pour lors Capitaine-Gouverneur des Villes & Forts de Pont-Sainte-Maxence; les mêmes vertus ne coulent pas toujours avec le sang dans les veines. Guillon soutint, & se défendit à peine quelques jours. Il se crut assez heureux en rendant cette Place si recherchée, & qu'il pouvoit défendre long-temps en demandant du secours, d'avoir la vie sauve, & de pouvoir emporter les richesses que ce Gouvernement lui avoit procurées. On conclut en l'année 1435 une Treve avec le Duc de Bourgogne. Ce Prince qui avoit éprouvé souvent de quelle importance étoit la Ville de Pont pour la communication de Paris avec ses Etats des Pays-Bas, fit insérer dans les conditions du Traité qu'il auroit un libre passage par ladite Ville de Pont-Sainte-Maxence. Charles, qui vouloit l'attirer à lui par toutes sortes de ménagemens, y consentit; c'est dans ce temps qu'on nomma le brave Renaud de Longueval pour commander à Pont: le Duc de Bourgogne profita de la liberté de ce passage pour se rendre maître de Pont, & pour aller à Senlis avec sa sœur la Duchesse de Bedfort. En la même année 1435 le Comte de Dunois vint délivrer Pont de la domination Angloise. Le brave Talbot étoit aux environs, & toujours prêt à y jetter du secours en cas de besoin. Il fallut user de grande diligence; le Comte de Dunois manda auprès de lui les plus braves du Parti de Charles, entr'autres la Hire, Poton de Saintrailles, & Guillaume de Flavi; il se mit avec eux à la tête d'un gros Corps de bonnes Troupes, composé des détachemens des Garnisons des Villes voisines; il fit avancer en même temps une bonne Artillerie, afin de pouvoir attaquer cette Place de tous côtés, & de ne point laisser aux ennemis le temps de se reconnoître. Le Comte de Dunois fit amener un grand nombre de Bateaux chargés d'artillerie. La Ville de Pont fut tout à coup attaquée par terre & par eau; le Canon fut servi dans le même temps avec tant d'habileté, les assauts furent si rudes; enfin les Assiégés si mal menés, que dès le second jour de l'attaque & du Siége on fut obligé de composer. Guillotin de Lensac, Chevalier, garçon;

qui en étoit Gouverneur, obtint pour lui & sa Garnison la liberté de se retirer, vie & bagages saufs. A peine Lensac étoit-il sorti de la Ville, qu'il rencontra à deux lieues de Pont le Sire Talbot, si outré de dépit qu'on eût enlevé à si peu de frais à son Souverain un Poste aussi avantageux, qu'il en fut désespéré, dit l'Histoire. Quant à Guillotin, il en fut puni comme il le méritoit. (*Voyez* Godefroy, Charles VII, pag. 389).

Un événement qui arriva en 1441 à Pont-Sainte-Maxence, fait bien voir combien les esprits agités par des Guerres Civiles ont de peine à se calmer. Il y avoit plusieurs années que le Comte de Saint-Pol avoit fait sa paix avec le Roi : il venoit du Camp que Charles VII tenoit devant Pontoise, lorsqu'en s'en retournant chez lui, il se présenta devant la Ville de Pont avec sa Troupe, demandant qu'on lui permît d'y passer le pont. Le Capitaine de cette Ville sortit à sa rencontre à la tête du pont pour s'aboucher avec lui ; mais ils se prirent de paroles, de sorte que le Comte de Saint-Pol se sentant insulté, voulut se saisir du Capitaine ; mais celui-ci se retira fort à propos dans son Fort, & incontinent il fit tirer le Canon & les arbalestres sur le Comte de Saint-Pol & sur sa Troupe. Ferry de Mailli eut son cheval tué sous lui, un autre homme d'armes eut le bras cassé : enfin le Comte de Saint-Pol fut obligé de se retirer, bien fâché de cet affront, & de la résistance que lui avoit faite le Capitaine de Pont. Il fut passer l'Oise sur le Pont de Compiegne ; il y prit la route de ses terres : la Garnison de Pont courut après les traîneurs, & leur livra bataille près de Montdidier, les battit & leur enleva leurs bagages. La Ville de Pont-Sainte-Maxence s'est toujours distinguée dans les Siéges : ses Forts, la bonne contenance de la Garnison, & la valeur des Habitans dans toutes les occasions où ils étoient nécessaires, a fait redouter cette Place à tous les Partis ennemis.

Mais en l'année 1464, le Comte de Charolois s'avançant vers l'Isle de France pour se joindre aux Princes mécontens, & tâcher de s'emparer de la Ville de Paris, où il avoit un Parti considérable, crut qu'il falloit commencer par s'emparer des issues qui livroient le passage à cette Capitale. Pour cet effet, il donna le commandement d'un détachement de son Armée aux ordres du Seigneur de Haut-Bourdin, bâtard du Comte de Saint-Pol, qui étoit de l'avant-garde,

Ce Général trouva le moyen de passer l'Oise en Bateaux près la Ville de Pont-Sainte-Maxence, sans que la Garnison en eût vent. Pierre l'Orfevre, Seigneur d'Armenonville, Maître des Comptes, étoit alors Capitaine de la Ville & des Forts de Pont; il en étoit en même temps Seigneur: soit qu'il ne fût point expérimenté au fait de la Guerre, soit que le devoir de sa charge le demandât ailleurs, ce qu'il y a de certain, c'est qu'il n'étoit pas à Pont lors de ce passage (*Chronique scandaleuse*, page 16). Il avoit commis la Garde de la Place à un vieil homme d'armes, nommé Madré ou Madrery; celui-ci se laissa éblouir par l'argent du Bourguignon. Le bâtard du Comte de Saint-Pol, qui pour cacher mieux son dessein avoit comme on vient de le dire passé l'Oise en bateaux, vint librement prendre possesſion de la Ville de Pont du côté de l'Orient. La trame avoit été ourdie ſi ſécretement, que le Seigneur de Haut-Bourdin fut maître de Pont avant que les Habitans en ſçuſſent la moindre choſe; ils s'en plaignirent hautement & en demanderent juſtice à la Cour, toujours diſpoſée à donner ſatisfaction. Les Habitans s'eſtimoient malheureux d'être ſous la domination d'un nouveau Prince, & de n'avoir pas pu donner des preuves de leur courage. Le Comte de Charolois, charmé de la ſurpriſe d'un poſte ſi important, qui lui permettoit d'aller droit à Paris, arriva à Pont le 28 Juin 1464 avec toute ſon armée; il y ſéjourna le 29, & le lendemain il fut camper à Baron-ſur-Nonette, tourna autour de Senlis, qui ne tenoit point pour lui, & conduiſit ſon armée devant Saint-Denis.

Pendant le séjour que le Comte de Charolois fit à Pont, il fit publier dans tous les Carrefours de la Ville qu'il ne faisoit la Guerre au Roi qu'au nom du Duc de Berry, frere du Roi; qu'il ne se portoit que pour son Lieutenant Général; qu'on alloit mettre bas tous les impôts, toutes les exactions, qu'on n'entendroit plus parler du Quatrieme ni d'autres subsides qu'il y avoit: alors les Peuples, toujours avides de nouveautés, & les Habitans de Pont leurrés par de si belles promesses, changerent tout d'un coup. Ils firent au Comte de Charolois toutes sortes de protestations de zèle pour son service. Les Chefs des Citoyens de la Ville de Pont furent mis dans cette confidence avant la publication; ils y ajouterent tant de foi, qu'ils firent des feux de joie, qu'ils souperent devant leurs portes, plusieurs Ménages rassemblés ensemble, pour marquer davantage au Comte de Charolois la satisfaction qu'ils ressentoient de son arrivée. Cependant la Bataille de Montlhery se donna le 16 Juillet. On y fit de part & d'autre des prodiges de valeur; mais ce qu'il y eut de singulier, c'est que chacune des deux Armées crut avoir le dessous. Les Fuyards de l'Armée du Roi annonçoient d'un côté que le Roi y avoit été tué, tandis que ceux de l'Armée des Bourguignons, qui dès le commencement de la Bataille avoit lâché pied, portoient à vingt lieues de là la nouvelle que le Comte de Charolois avoit été défait à plate couture. En effet, un grand nombre des Seigneurs du parti du Comte de Charolois, effrayés de la fureur avec laquelle leurs Troupes avoient été chargées au premier choc, craignant de périr dans la Bataille, victimes de l'ambition de leur Chef, ou de tomber entre les mains du Roi, qu'ils sçavoient ne devoir pas leur faire de quartier, à cause de la trahison, gagnerent au large: plusieurs prirent le chemin de la Ville de Pont, & crurent avoir tout gagné d'avoir pu l'atteindre, la vie sauve. Ils y apporterent la nouvelle de la défaite du Comte de Charolois. La consternation fut grande. Par surcroît de malheur, le Seigneur de Mouy, Capitaine de Compiegne, fidele Serviteur du Roi, persuadé que son Maître avoit eu l'avantage, comme on le publioit, se joignit avec les Capitaines de Senlis, de Creil, de Clermont, de Crespy & d'autres Places des environs. Tous ensemble vinrent avec un grand nombre de Troupes, qui composoient leurs Garnisons, pour faire le Siége de Pont du côté de la

Picardie ; c'étoit le vrai moyen d'ôter aux débris de l'Armée du Duc de Bourgogne tous moyens d'échapper : d'ailleurs, comme les nouvelles fâcheuſes que les Fuyards de l'Armée du Duc de Bourgogne apportoient continuellement, faiſoient déſeſpérer de tout, la Garniſon qui étoit dans Pont n'oſoit faire réſiſtance. Quand le blocus fut formé, elle voulut ſe rendre, mais le Corps de la Ville & les principaux Habitans firent des repréſentations au Capitaine, même des menaces à la Garniſon. Le Capitaine leur dit qu'il falloit livrer la Ville dès le premier aſſaut, qu'on racheteroit par-là la vie à bon marché à pluſieurs braves gens, & cela fut fait contre le gré des Habitans. Les Seigneurs d'Aymieres & d'Inchy y furent faits Priſonniers, avec pluſieurs autres perſonnes de diſtinction, renommées par leurs bravoures, & parce qu'ils étoient de familles illuſtres. On donna enſuite la chaſſe aux Fuyards ; aucun n'échappa, ſi ce n'eſt quelques Soldats ou bas Officiers qui en furent quittes pour être dépouillés parmi les Priſonniers qu'on fit : pluſieurs furent exécutés, les autres furent noyés dans la Seine. La Ville de Pont-Sainte-Maxence fut ſi mal défendue pour cette fois, à cauſe de la méſintelligence de la Garniſon avec le Corps de Ville, que ſa priſe ne coûta aux Troupes du Roi qu'un ſeul Gentilhomme, nommé Jeannet de Grouches, qui fut tué d'un coup de trait à poudre.

Les Bourguignons ſe remirent cependant de leur terreur, ils regrettoient la Ville de Pont ; on vint dire au Roi que le Sire de Saveuſe avec bon nombre de Troupes venoit faire le ſiége de cette Place. Le Roi dans un premier mouvement, pour parer à tout inconvénient, fit expédier le 24 Juillet 1465 un ordre au Prévôt forain de Senlis d'aller en diligence abattre les Arches du Pont de la Ville de Pont Sainte-Maxence ; mais le même jour il changea de sentiment, & soit qu'il eût appris que l'avis qu'on lui avoit donné étoit faux, soit qu'il fît réflexion à l'inconvénient qu'il y auroit à se priver du passage le plus commode pour aller en Picardie, & aux Forts considérables qui étoient alors à Pont, & très-nécessaires, puisqu'ils continuoient une liziere de Fortifications sur la riviere d'Oise, il donna le même jour un contr'ordre, & le commandement de la Ville des Forts de Pont à Jean l'Orféyre, qui en étoit déja Seigneur Châtelain, lui ordonna d'aller défendre cette Place, &

ſur-tout d'en conſerver le Pont en ſon entier, à peine d'en répondre.

Louis XI vint à Pont-Sainte-Maxence le 25 Avril de l'année 1474, dans la réſolution d'y raſſembler ſon Armée, & d'y faire les diſpoſitions néceſſaires pour entrer en Picardie. Le Corps de Ville le harangua; il reſta quelque temps à Pont: il permit à la Nobleſſe & aux principaux Habitans de cette Ville de lui aller rendre hommage. Il diſoit à ſes Favoris qu'il ſe plaiſoit fort dans cette Ville, que ſa ſituation étoit belle, & que le climat lui paroiſſoit bon: enfin qu'il protégeroit cette Ville, & qu'il y viendroit ſouvent après la Guerre. En effet, dès l'année ſuivante 1475, Louis XI revint dans cette Ville; il y arriva le premier Mai pour faire les arrangemens convenables pour la Campagne, & en particulier

culier pour faire le Siége du Trouquoy. Il y resta encore quelque temps, il visita tous les environs de Pont, il y chassa presque tous les jours. Ce Prince étoit si aimé dans cette Ville, que pendant le temps qu'il y resta, le Commerce fut suspendu: les Ouvriers ne travailloient point; tous étoient occupés à courir pour pouvoir reconnoître, voir & rendre hommage à son Roi.

Il se ne passa rien d'intéressant depuis dans la Ville de Pont-Sainte-Maxence jusqu'en l'année 1589. Cette année Pont à l'exemple des Villes voisines embrassa le parti de la Ligue, & se mit sur la défensive; les Habitans, qui desiroient donner des preuves de leur bravoure & de leur Religion, livrerent le passage de cette Ville au Duc de Mayenne à la fin de l'année 1589. On fit faire attention à Henri IV que le dessein du Duc de Mayenne étoit de faire une tentative sur la Ville de Paris. Le Roi, avant de tenter l'attaque des Fauxbourgs de Paris, avoit envoyé ordre à Guillaume de Thore-Montmorenoy, qui commandoit pour lui dans Senlis, d'aller rompre le Pont de la Ville de Pont-Sainte-Maxence, par où le Duc de Mayenne venant de Picardie devoit passer. C'étoit le vrai moyen de couper ce Chef de la Ligue, & de mettre une barrière formidable & insurmontable à ses desseins sur Paris, & l'obliger à prendre d'autres moyens pour passer l'Oise; le retard qui en seroit résulté, l'auroit empêché d'arriver avant la réduction de Paris; mais par malheur Thore de Montmorency étoit malade, & au lit, lorsqu'on lui apporta les ordres du Roi. Il fut obligé de charger un autre de l'exécution de ce projet. Celui qu'il chargea s'en acquitta si négligemment, que le Duc de Mayenne passa à Pont avec ses Troupes, sans rencontrer aucun obstacle. Ce Prince arriva à Paris le lendemain de la prise des Fauxbourgs, qui étoit le 3 Novembre. Henri IV qui se reposoit sur l'ordre qu'il avoit donné, fut bien surpris lorsqu'il apprit que le Duc de Mayenne avoit passé par Pont-Sainte-Maxence, & qu'il arrivoit avec toute son armée. Cela obligea le Monarque de remettre son entreprise à un autre temps. Sully dit que si on avoit fermé au Duc de Mayenne un passage aussi important que celui de Pont-Sainte-Maxence l'étoit en cette occasion, la Ville de Paris se seroit rendue infailliblement; parce que le Duc de Mayenne n'auroit pu arriver à temps pour la défendre.

De tout temps on a senti l'importance de la situation de la Ville de Pont-Sainte-Maxence, & les avantages que le Pont, qui est sur la Riviere d'Oise, pouvoit fournir. Dans une Assemblée tenue à l'Hôtel de Ville de Paris, le 16 Mars de l'année 1529, le Prevôt des Marchands remontra qu'il y avoit autrefois des ponts levis sur le pont de la Ville de Pont; que feu Pierre Legendre les avoit fait abattre & reconstruire ensuite en pierres & en bois, parce qu'ils coûtoient beaucoup d'entretiens, que dans les conjonctures alors présentes, il lui paroissoit nécessaire de les rétablir, & qu'il étoit d'avis que l'Archevêque d'Aix, chargé du département des Ponts & Chaussées, se transportât en la Ville de Pont-Sante-Maxence, & ordonnât la réparation de ces ponts levis, soit pour la sûreté de la Ville de Pont, soit pour celle de Paris.

L'Assemblée conclut selon l'avis du Prevôt des Marchands de la Ville de Paris, & il y fut résolu de prier Nicolas de Neuville, Trésorier de France au Bureau des Finances de la Généralité, de faire fournir les deniers nécessaires pour ces ouvrages: ce projet n'eut pas lieu, du moins sitôt. Il y eut derechef, le premier Avril de la même année, une autre Assemblée, où il fut résolu que ledit de Neuville enverroit visiter les ponts de la Ville de Pont-Sainte-Maxence, & que sur le rapport qui seroit fait, on prendroit les mesures convenables. Neuville mourut dans ce temps, & les choses sont restées dans l'état où elles étoient. *Voyez* l'Histoire de Paris, tome 2, pag. 959.

Ce sont les Rois François I & Henri III qui ont érigé, ou, pour mieux dire reconnu, Pont-

Ste-Maxence pour Ville, suivant deux Chartres: la premiere est de François I; elle est dans l'Etude d'un Notaire de Pont, la seconde est de Henri III: elle fut donnée en l'année 1575. Par cette Chartre Henri ordonne qu'il sera fait une levée nécessaire sur les Habitans de la Ville de Pont-Sainte-Maxence, pour les réparations & entretiens des murs, leurs Forts, fossés, ponts levis, bastions, & autres Ouvrages pour la défense de ladite Ville.

A la rédaction de la Coutume de Senlis, qui se fit en l'année 1539 par-devant Guillard, Maître des Requêtes, & Thibaut, Procureur Général, Gilles Dufay, & Jean de Pipemont, comparurent comme Seigneurs Châtelains de Pont, l'un du chef d'Ude l'Orfevre, & l'autre de Marie l'Orfevre leurs femmes. Le Procureur Général du Roi s'opposa à ce qu'ils fussent nommés Seigneurs Châtelains de la Ville de Pont, & requit qu'ils fussent seulement qualifiés *soi-disants Seigneurs Châtelains*, parce que, disoit-il, le Roi est Seigneur direct de cette Ville. Després & Bauvillier, Procureurs desdits Dufay & de Pipemont, répondirent que l'on ne devoit point disputer en cette occasion à leurs Parties la qualité de Seigneurs Châtelains de la Ville de Pont-Sainte-Maxence, puisqu'ils en étoient en possession, & qu'à la rédaction de ladite Coutume de Senlis en 1506 Pierre l'Orfevre, pour lors Seigneur, avoit été admis en cette qualité. Un autre Després, Procureur du Connétable de Montmorency, se joignit aux Procureurs des Seigneurs de Pont, parce que, disoit-il, la Châtellerie de Pont étoit tenue à foi & hommage du

Sire de Montmorency, à raison de la Baronnie de Chantilly. Le Procureur Général du Roi s'opposa aux uns & à l'autre, alléguant une Sentence du Bailliage de Senlis, qui déclaroit que lesdits Sires de Pipemont & Dufay ne seroient nommés que soi-disants Seigneurs Châtelains de Pont. Les Présidents de l'Assemblée, après avoir vu les pieces du Procès, déclarerent que par provision, & sans préjudice, la qualité en laquelle les Seigneurs de Pont avoient comparu, leur demeureroit. Le Procureur Général du Roi appella de cette décision; il n'y eut pas moins de difficultés lorsqu'il s'agit de la rédaction de la Coutume; on laissa passer sans rien dire l'Article qui porte que le Prevôts de Pont & de Ponpoint ne sont point de la Châtellenie de Senlis, qu'ils n'ont point d'assise sur les lieux, comme ont Creil

Chambly & autres Châtellenies ; mais sont simples Prevôts ressortissants à l'assise dudit Senlis. Le Procureur Général du Roi s'opposa au quatrieme Article de ladite Coutume, conçu en ces termes : » Ladite Prevôté de Pont est une Prevôté, ordonnée au moyen d'une association que l'on dit avoir été faite au Roi par les Seigneurs Châtelains de Pont, & a ledit Prevôt de Pont pour le Roi sa connoissance & ses droits limités, sans entreprendre sur les droits du Seigneur Châtelain. »

Le quarante-unieme Article porte, que ledit Seigneur Châtelain a pour lui son Prevôt & ses Officiers qui pareillement ressortissent à ladite assise de Senlis. Le Procureur du Roi au Bailliage de Senlis protesta à cette fin qu'il ne fût fait nulle mention de l'association & limitation des droits & jurisdiction du Roi &

du Seigneur de Pont, soutenant qu'il n'y avoit jamais eu aucune association faite au Roi de la Justice & Seigneurie de Pont. Il demanda que cet Article ne pût porter préjudice au droit du Roi. Les Procureurs des Seigneurs de Pont protesterent aussi de leur côté; & on ordonna que les Parties auroient Lettres de leurs protestations. Me Guy de Loris, Prevôt de Pont, comparut en personne à la rédaction de la Coutume de Senlis.

Le Lecteur ne sera peut-être pas fâché de trouver ici la Généalogie des Seigneurs de Pont. Pierre & Jean l'Orfevre étoient Seigneurs Châtelains de ladite Ville sous les Régnes de Louis XI & de Charles VIII; on ignore comment ils en sont devenus Seigneurs. Pierre ou Jean l'Orfevre avoit épousé N. de Chantepine. Ude & Marie l'Orfevre leurs filles, porterent la Seigneurie de Pont à Gilles Dufay & à Jean de Pipemont: celui-ci étoit Seigneur de Croix; il épousa en 1539 Marie l'Orfevre. Jean de de Pipemont étoit fils de Jacques le Veizier, Seigneur de Pipemont, & de Françoise Levolle. De Jean de Pipemont & de Marie l'Orfevre sortit entr'autres enfans, Jean Seigneur de Couvron, de Pipemont, & en partie de Pont; c'est ce Jean de Couvron qui fut fait Gouverneur de Pont, qui fut député aux Etats de Blois en 1588, & à ceux de Paris en 1614. Il mourut très-âgé en 1624. Il avoit été marié à Magdeleine de Teufles, avec laquelle il eut un fils nommé Philippe, qui fut Seigneur des mêmes Terres que son pere. Il épousa Anne de Vieupont; il eut d'elle trois enfans, Matthieu, Catherine & François; les deux premiers moururent ſans poſtérité : François fut le ſeul qui ſuccéda auſdites Terres. Il épouſa le 9 Janvier de l'année 1639, Catherine de Longueval. Ils moururent ſans poſtérité, au moyen de quoi la totalité de la Seigneurie de Pont a appartenu à la Maiſon de Dufay, dont la Généalogie eſt ci-après. La famille de Pipemont portoit d'or à deux chevrons d'azur au chef de gueule.

Gilles Dufay eut de Ude l'Orfevre ſa femme, Jacques Dufay qui ſe maria; mais on ignore à qui. Il eut de ſon mariage Charles Dufay, qui épouſa Louiſe Dailly ; ils eurent un fils nommé Louis Dufay, qui épouſa en l'année 1619 Jeanne de Saint-Simon, ſœur de Charles, Marquis de Saint-Simon. Tous ces Dufay furent ſucceſſivement Seigneurs de Pont & de Château-

Rouge, Vicomtes de Cressonsac. Louis Dufay n'eut point d'enfans avec Jeanne de Saint - Simon : elle survêcut, & succéda aux biens de son mari : elle laissa la Terre de Pont à son frére le Marquis de Saint-Simon, qui mourut sans postérité en l'an 1690. Cette Terre passa alors à Louise de Crussol sa femme, qui la légua par son Testament à Jean Charles Duc d'Uzès, d'où elle passa à Jeanne Julie-Françoise de Crussol sa fille, qui l'a apportée en mariage à Louis César, Duc de la Valliere, qui eut de son mariage Adrienne-Emilie-Félicité de la Valliere, qui a épousé Louis Gaucher, Duc de Châtillon-Châtillon, mort de la petite vérole en 1762.

La Maison de Saint-Simon continua cependant d'avoir le Gouvernement de la Ville de Pont-Sainte-Maxence, depuis Claude premier, Duc de Saint-Simon, frere de Charles, Marquis de Saint-Simon, jusqu'au dernier Duc de Saint-Simon mort au mois de Mars 1755.

L'engagement des droits qui appartient au Roi dans la Ville de Pont-Sainte-Maxence, est de l'an 1613. Il a été fait par la Reine, suivant l'Auteur de la Description de la Généralité de Paris, *art. 2 de la Coutume de Senlis, page 194.*

Il a été rendu un Arrêt du Conseil d'Etat du Roi en l'année 1753, qui a ordonné que les droits de travers & de péage qui se percevoient au profit de M. le Duc de la Valliere sur la Riviere d'Oise, & par terre sur le pont, & dans la Ville de Pont-Sainte-Maxence, tant en qualité de Seigneur Châtelain, que d'Engagiste du Domaine de ladite Ville, pour les droits qui appartiennent à Sa Majesté, seroient &

demeureroient ſupprimés. Dans cet Arrêt M. le Duc de la Valliere eſt, comme on le voit, qualifié de Seigneur Châtelain de la Ville de Pont, qualité qui avoit été conteſtée aux Seigneurs de Pont lors de la rédaction de la Coutume de Senlis en l'an 1539, & dans laquelle eſt compriſe la Coutume locale de Pont-Sainte-Maxence.

Cette Ville eſt donc du nombre de celles qui peuvent ſe flatter d'avoir été utiles à la Patrie & à la Religion. Les Habitans ont eu le bonheur d'y poſſéder leurs Rois, de les voir & de leur parler; leur bravoure & fidélité ont été miſes à l'épreuve. Leur intelligence & le mérite de pluſieurs des Citoyens, ſont marqués dans tous les ſiecles. L'amour pour leurs Rois leurs Maîtres, & ſur-tout pour le Bien-Aimé régnant, a toujours été ſans bornes.

Avant de terminer cette Histoire, l'Auteur se croit obligé de parler aussi de la valeur du Sexe féminin de la Ville de Pont d'aprés l'Histoire même. Deux Demoiselles de Pipemont se trouvant renfermées dans leur Château de Pont, & assiégées par un parti Anglois, elles se mirent à la tête d'une très-petite quantité de Troupes qui composoient alors la Garnison de Pont, & des braves Habitans de la Ville & de la Banlieue. Les Ennemis les attaquerent; mais les Héroïnes firent une vigoureuse résistance. Elles parurent sur les murs de la Ville, & dans toutes les Tours & Forts qui étoient aux quatre coins. Elles ordonnerent leurs défenses, même aux femmes, qui à l'exemple des Demoiselles de Pipemont ne céderent en rien par leur intrépidité à la vaillance des hommes, & de commun accord elles repousserent les Assaillans, qui étoient en assez grand nombre; le combat fut long, mais la résistance se fit par les ordres des Demoiselles de Pipemont avec une bravoure & une intelligence vraiement héroïque. Leur défense opiniâtre & courageuse obligea les Assiégeans de se retirer, & d'abandonner leur entreprise sur la Ville de Pont. Ce fait en rappelle un autre, qui ne fait pas moins d'honneur à la postérité des Habitans de cette Ville. Le Lecteur ne trouvera peut-être pas mauvais que l'on le place ici. Le Duc de Bourgogne vint en 1472 faire le Siége de Beauvais, qui étoit alors assez mal fortifié, & presque dégarni de Troupes. Les Beauvoisins se défendirent avec beaucoup de bravoure; mais comme les Bourguignons étoient fort supérieurs en nombre, ils vinrent à bout de planter quelques Etendards sur les murailles de la Ville : cela affligea les Beauvoisins ; ils se crurent vaincus ; mais alors les femmes & les filles, à la tête desquelles étoit Jeanne Hachette, originaire de la Ville de Pont, vinrent au secours des hommes pressés de toute part par les Bourguignons ; & les Héroïnes se servant, en guise d'armes, de tout ce que leur bravoure put suggérer, donnerent avec intrépidité sur les Bourguignons, qui en furent déconcertés. Ces Guerrieres les pousserent avec vivacité, & les culbuterent dans les fossés, les accablerent de pierres & de toutes sortes de matieres enflammées. Jeanne Hachette prit aux Bourguignons un Drapeau, qu'elle alla déposer en actions de graces dans l'Eglise des Dominicains de la Ville de Beauvais. Louis XI pour reconnoître la valeur des femmes Beauvoiſiennes, ordonna qu'aux Proceſſions & dans les autres Actes ſolemnels, elles précédaſſent les hommes. Il accorda des Privileges à Jeanne Hachette, & à ſa Poſtérité. Les Beauvoiſins firent faire ſon Portrait, qu'ils placerent dans la Salle de leur Hôtel de Ville. Il y a encore à Pont des Parens de Jeanne Hachette, qui portent ſon nom. Les uns ſont dans la Robe, & les autres ſont Militaires : l'Auteur eſt leur Parent.

Le Pont qui eſt ſur la Riviere d'Oiſe, & qui fait la ſéparation de la Ville de Pont d'avec le Fauxbourg appellé de Flandres, ſans doute, parce qu'il eſt preſqu'au Septentrion, eſt composé de ſix Arches en pierres, & d'un Pont de bois, proche les veſtiges d'un ancien Fort & de l'une des Portes de la Ville : c'étoit là où ſe percevoient autrefois les droits de travers, & où les Fermiers

Généraux avoient établi une Brigade de Commis pour percevoir les droits de Sa Majesté, & empêcher les fraudes.

Ce qui prouve que la Ville de Pont a pour devise une Salamandre, c'est qu'elle se voit encore sur toutes les Portes & Forts qui subsistent. Le Roi est tenu de faire les réparations du pont. Il faut financer pour être Maître du Pont ou Compagnon de Riviere.

Il y a au bout du Fauxbourg de Flandres, & hors de la Ville, une très-longue Chaussée, élevée de dix à douze pieds, & neuf ou dix Arches pour passer les eaux dans les débordemens de la Riviere d'Oise, des immenses Marais qui sont de ce côté-là, & d'un Ruisseau qui cottoie la Chaussée, & qui va se jetter dans l'Oise à l'entrée d'un quai.

Il y a à Pont trois Marchés par semaine, les Lundis, Mercredis

& Vendredis : celui du Vendredi est le plus fort. Il s'y vend toutes sortes de denrées & de Volaille. Les Marchés au Bled sont très-considérables. Il y a de plus un Marché franc pour les Bestiaux, Volailles & Denrées tous les derniers Vendredis de chaque mois. Le port au Bois est aussi fort beau, & les Marchands, tant de Bleds que de Bois, font en partie l'approvisionnement de la Ville de Paris : le transport est aisé, tant par terre que par eau.

Il passe à Pont plusieurs Carosses de Voitures : la Diligence de Lisle y passe tous les jours en Eté ; il y a un Coche d'eau qui va à Compiegne, & jusques à Pont-Avert, & en descendant à Beaumont. Les murs de la Ville sont assez bien entretenus, l'Hôtel de Ville est nouvellement bâti, & dans un goût moderne. Enfin la situation de la Ville de Pont est, on ne peut pas plus favorable pour le Commerce & pour la santé.

Les principaux Officiers Royaux de cette Ville, sont les Maire & Echevins, Prevôt, Lieutenant-Général de Police, & Procureur du Roi.

FIN.

---

J'Ai lu par ordre de Monseigneur le Vice-Chancelier un Mémoire intitulé, *Histoire Chronologique de la Ville de Pont-Sainte-Maxence.* Fait à Paris ce 12 Novembre 1763. ARNOULT.

www.ingramcontent.com/pod-product-compliance
Ingram Content Group UK Ltd.
Pitfield, Milton Keynes, MK11 3LW, UK
UKHW021219230726
13926UKWH00003B/1120